김민경 개인시집

그리움이 그리움에게

도서출판 여울 국민행복

그리움이 그리움에게

지 은 이	김민경
인　　쇄	2025년 1월 20일
발　　행	2025년 1월 22일
펴 낸 이	홍기표
펴 낸 곳	도서출판 여울 국민행복
출판등록	2022년 9월 13일 (제2022-000050호)
전　　화	02-2602-9487, 010-5675-9487
이 메 일	sjhgp9487@naver.com
I S B N	979-11-990260-2-5
가　　격	13,000원

ⓒ 2024, 도서출판 여울 국민행복.
Printed in Seoul Korea.

도서의 저작권은 저자와의 계약에 의하여, 도서출판 여울 국민행복 출판사에 있으며 일부, 혹은 전체 내용을 무단 복사 전제하는 것은 저작권법에 저촉됩니다.

* 잘못된 책은 구입하신 서점에서 바꾸어 드립니다.

차례

- 1   배꽃
- 3   약속
- 5   신진도
- 7   봄 어느날
- 8   배꽃 2
- 10   인천수산
- 12   그대 내게 오는날
- 14   나이
- 16   기다림
- 18   아버지 아버지
- 20   커피한잔
- 22   유혹
- 24   효
- 25   커피향기
- 28   인연
- 30   기다림
- 32   소나기
- 34   고백
- 35   그리움

37	바다
38	사랑
40	선물
42	그리움
44	최고 최고야
48	사랑의노래
50	새벽
52	시골집
54	시골집
56	가을
58	사랑하기
60	말복
61	겉절이
63	그리운섬 독도
65	기다림
68	입춘대길
69	봄날
71	하늘꽃
74	얼음새꽃
76	겨울
78	이별
80	달빛
82	말복날
83	해바라기꽃
85	어머니
87	사랑은

89	바람꽃
91	엄마
94	내안의 사랑
95	별과 나
96	행복의 잔디아래서
99	고향
102	님이시여
105	엄마
108	어머니
110	아버지
113	울릉도
115	해당화
116	존재
119	내게로 오는 당신
121	백일홍
124	수평선
125	선물
126	엄마의 노래
129	비오는 날
131	철쭉꽃
132	철쭉꽃 필무렵
134	진달래꽃
136	행복
138	회상
140	가끔 바람이 되고싶다
145	봄이 오는날

148	고향
151	그리움
153	별빛
155	기억
157	삶 그리고
159	어린시절
162	가을
164	높이 나는 새
166	친구
168	봄날
169	만남
171	별을 노래하자
174	사랑의 노래
176	장미꽃
177	사는동안
179	삶의 무게
182	아픔이 많은 이들에게
184	강가에서
186	강가에서 2
189	길
192	산책

배꽃

하늘아래 작은마을
배꽃 피는마을에
흙내음 진동하는 봄날은
어머니 거친 손때가 여기저기
묻어나고
꽃잎은 어머니 따라서
나드리간다

허이연 속살 드러내어
천연덕스럽게
살랑거리는 바람에
못이기척 향기뽑내며

온 천지를 하얗게 수놓아
꽃잎은 이봄을 기다렷노라고
꽃망울 토~옥 터뜨려

아 간밤에 찬서리 맞은 설움도
잊게하는구나

별빛을 꽃잎 하나하나에 내려놓고
달빛에 진득하니 맞서
고요함속에서
이겨내는 이 기다림은
누군가의 삶이고 인생같구나

살그머니 해가 질때면
저녁밥 짓는 냄새에
허리한번 펴고
배꽃들을 바라본다

가슴이 뛴다
이 꽃들이 다 지고나면 나는
꽃잎에 박힌 별을 만나러
갈 채비를 해야지

약속

모란꽃 피던 그날
당신이 돌아온단
그 약속 잊으셧나요

바람이 불면 바람속으로
그대인가 헤매입니다

당신의 사랑앞에
철없던 그맹세를
그맹세를 잊으셧나요

떠나간 당신 잊으렵니다
당신을 잊으렵니다

저멀리 떠나가는
떠나가는 뱃머리에

당신을 불러보고
불러보아도 대답없이
그대진정 가시렵니까

떠나간다면 돌아선다면
미워나 하지말 것을

신진도

파도소리에 잠에서 깨어난

갈매기들의 향연이 시작되면

간밤에 떠난 배는

거친 물살을 이기고 돌아온다

늘 가슴저린 기다림으로

바다로 보내지는 사람들 ..

그리고

바다로 보내지는 잊혀진 사람들

신진도의 아침은

보고픈 이들의삶이 시작되는곳

그리운 신진도

봄 어느날

꽃이 좋고 봄볕이 좋은 어느날
잠시 스치우던 인연들을
떠올리기에도
좋은날
봄볕이 따사로우니
어머니 품도 왠지 그립다

하얀머리가
더 고우셨던 어머니
배꽃을 등지고

사진한방 수줍게 찍던 그날도
오늘처럼 화려한 봄날이었지
그리운 어느날
....그리고 어머니 ...

배꽃 2

나 여기있다고
고개를 쳐들어 빼꼼히 쳐다보며
손을 마구 흔들어 댄다

꽃비가 휘감돌다가 머리위로 앉아
봄의 요란함을 한껏 뽐내고 있다

마음이 스스로 녹아드는 계절
봄은 이래서 좋고
봄은 저래서 좋다

배꽃피는날은
오히려 마음만 바쁘다

일손을 거들어야하니
서둘러 배밭을 수 없이 지나치다가도

배나뭇가지가 허리를 잡아끌듯
한번 꽃좀 보라한다

아름다움 속에서 일하는 기쁨도 크고
꽃들의 생명 속에서 또 하나의 생명을
이끌어내기 위해
오늘따라 배꽃의 속살이 더욱
경이롭기만 하다

세상의 여유로움은
다 여기에 있는 듯 하네

인천수산

오가는 정이 많아서
꽃바람이 부는날이면 꼭 한번 들러
소주한잔에 회한접시 놓고도
넋두리에 하루해가 진다

석양이 눈앞인데
이곳 인심은 저물줄 모르고

오는이들 반가워서
눈인사 할 겨를도 없이 회포를 푼다

사랑이 많은곳 인천수산에 오면
모두가 잠시 흩어졌던 가족같고
그칠줄 모르는 정겨움에
오늘도 그저 좋은날이다

봄바람과함께 바다바람도 좋은날

이곳을 찾아와

또다시 일년의 정을 쌓고

돌아가련다

~~신진도를 다녀와서~~

그대 내게 오는날

오! 그대 내게 오는날은
어여쁜 꽃
흐드러진 숲길
안개속같은 꿈으로 오소서

그대 내게 오는날은
하늘아래
바람을 띄워보내
먼 길 편히 오소서

그대 내게오는날
꽃잎
하나 둘
강가에 띄워보내
그리운 이름 한번 불러봅니다

그대 내게 오는날은
바람이 몹시 불어도 그대일까봐

설레이는 날입니다

나이

아무것도 아닌것에
좋고

아무것도 아닌것에
눈물나고

아무것도 아닌것에
슬프다

나이
먹나보다

서러운게
많아지고

그리운게

많아진다

바람이 분다

오늘은 흐린하늘이라 좋고

어제는 맑은하늘이라서 좋았다

내 나이

열일곱 같아서 좋다

기다림

아무것도 살지않을것같은
메마른 땅위에

따스한 공기와 물이
생명을 구하듯

당신의 차거운 잔디위에도
따스한 온도와 물이

생명을 탄생시킨다면
얼마나 좋을까

눈물이 꽃잎에 떨어져
뜨거운 가슴을 쥐어짜도

당신은 그자리에서
움직이지 않네
풀꽃으로 오든
풀잎으로 오든

무엇이라도 좋을 당신의 흔적을
나는 오늘도 기다립니다

아버지 아버지

언제나 제일 큰나무
더울땐 그늘이 되어주셨고
추울땐 땔감이 되어주셧고
힘들땐 쉬어가시라하시고
외로울땐 나무위를 올라타라하시고
삶이 지칠땐 푸념하라하시고
삶이 즐거울땐 풍성함을 보여주시고
삶이 고달플땐 이겨내는법을 가르쳐준
큰 나무같은 우리아버지

커다란 나무가 조금씩 살첨을 떼어내듯
앙상한 가지만 남아있을때
세상에 흔들리지 않으셨던
아버지 우리 아버지

이렇게 보고싶을땐 어찌해야하는지
그것을 알려주지않아 힘이듭니다
이만큼 어른인데도 아직은 힘이들때는
아버지를 부릅니다

좋은날에도
슬픈날에도
아버지는 늘 크게웃지도 않으시면서도
좋아하셨고
크게도 울지도않으면서도
슬퍼하셨던

아버지 아버지

이렇게 할말이 너무많을때는
어떻게해야하는지
그것 하나만 마지막으로
말해주셨더라면..
너무나도 보고싶어
죽겠습니다

커피한잔

오늘
그윽한 너의 미소 만큼이나
어여쁜 향기로
다가오너라

내 너의 기다림에
설레임은 크고
벅찬가슴 끌어 안으리

고독한 이슬픔
진동하는 너의 향기로

내 뜨거운 심장을
깊게 더깊게 파헤쳐 보리라

마치

네가 나를 미치게 사랑한것처럼

마치 내가 너를 미치도록

그리워하는 것처럼

몸속으로 파고드는

가장 낮은곳까지

내 너를

불러보리라

유혹

영혼으로 가는 마차를 타고
뛰다 걷다 가다가다 보면
풀들의 우거짐 뒤안으로
보여지는것들은 또다른 세계인가
인형들처럼 장난치듯 서서
노래하고 춤추는 모든것들이 사라지고
뿌연 안개 속에서 한참을 걸어 나와보니
또다른세계
마차에 내려서 꽃들을 보아
아름다움을 느꼈고 만져지지않아도 촉촉한 살결은
이내 평생을 지지않는 꽃 처럼
고고하고 눈부시어라
영혼의 세계는 꿈처럼 달콤햇고 영화처럼 순식간에
많은것들을 내게 보여주면서 나를 황홀하게 한다
날아다니는 모든것들이 지루하지않으며
기어다니는 모든것들이 거대한 생명의 원초적인 욕구를
이뤄내기라도하듯 움직이면서

나를 유혹한다
크고 작은 움직임들이 지나가고 긴 터널끝에 닿으니
이 또한 또 다른 세계
살갗이 뜨겁고 눈조차뜰수없는 강한 빛이 내 가슴을
조여온다
삶의 강한 의지처럼 내몸은 빛을 이겨낼수
있기라도한듯
버티고있다

끝이 없을것같앗던 끝이 보이고
중독처럼 나를 지배햇던 과거의 빛이 사라지자
또 다른 세계
하고자 하는 많은것들이 생각이난다
만나야하는 많은 사람들이
생각이 난다
영혼이 쉬지않는 동안에.....

효

살아잇음이 효 이거늘
일하고 있음이 효 이거늘

건강함이 효 이거늘
웃는날들이 효 이거늘

그리어려운일이 아니거늘

마음을 다하여라
어렵지않은일에

세상의 모든건
어렵지 않은것부터 시작이 되듯이

효를 다하라 가장 행복하게
효를 다하라 가장 즐거웁게
효늘 다하라 가장 아름답게

커피향기

화단에 피어난 작은 꽃들이
옹기종기 모여앉아
이야기를 나눈다

오만가지 피어난
색들의 잔치는
끝날줄 모르고

식어가는 커피한잔 마저
꽃으로
물이든다

창문 너머에는
나와 다른세상
찬란하고 아름답다

빛으로 색으로 향기로
이렇게
잔인한 여름을

저들은
태양앞에서
즐기고 있다

꽃은 피고
지는 꽃은
다시 꽃을 피우기 위해

오늘도
땅끝 어딘가에서
꿈틀대고 있기에

내삶이
꽃만큼이나
진실하다면

나도
그어딘가에서 살아나고자
몸부림을 쳐보리라

생각이 많은
오후 한나절
커피향기 더 진해지고

꽃들의 잔치는
아직
끝나지 않앗다

인연

굽이 굽이 먼길 돌아서
그대를 마중나왔습니다
발그레한 두볼을 부비고
너무도 익숙하게 끌어안으며
천번도 더 부르고싶엇던 이름을 이제야
당신앞에불러봅니다

흘러 흘러 강물이 되고싶고
아침이면 당신의 창가에서 지저귀는 새가 되고싶고
밤이되면 당신의 머리맡에 놓인
한권의 책이되고싶기에

어떠한 인연으로라도
그대를 만날것이며
어떠한 이유가 되서라도
나는 그대에게

매일밤 찾아드는 외로움이고 싶습니다

굽이 굽이 먼길 돌아서

나는 그대를 마중나왔습니다

기다림

어떠한 말들로 어여쁘게 포장을 한다해도
서글퍼지고 파헤쳐지는 가슴언저리는 아프다

드디어
하늘 저편에 먹구름이 몰려오고
하늘은 금새 소나기를 뿌린다

온세상은 회색빛으로 기다렷다는듯이
비를 맞이하느라 더 바쁘고

나무들은 춤을 추면서
장단을 맞춘다

후련하다
기다림이 주는 이짜릿함

하늘과 도시와 내가
유일하게 하나되어 만나는 시간
기다림은 언제 아팟냐는듯
얄궂게 온다

소나기

후두두둑
후두두둑
하늘을 열고 폭탄을 떨어뜨리는것처럼
비는 거세게 내리치고
바람은
비를 통과해
바위에 꽃힌다

전쟁이라도 난것처럼 요란하다
나무들은
휘청이고
꽃들은
무서움에 몸 둘곳 없으니
잔득 겁을먹고

아스팔트 위에 남겨진것들은
모조리 사라졌다
통쾌하다
후련하다
나 대신 싸워주는것같고
나 대신 소리쳐주는것같아
신이낫다

한나절 소나기는
그렇게 왔다
그렇게 갔다

고백

세상 제일 어려운것이 있다면
그중에 하나가 이것일 것이다
아마도 그럴것이다

벙어리처럼 말을 할수없고
내심장이 고장나기라도 할까봐 겁이 난다

당신앞에 나는 풀잎보다도 약한
그무엇이 되는것같아
용기를 낼수도없는데
이어려운것을
나는 숙제처럼
매일매일 거울앞에 서잇다

나는
당신이 내앞에 놓인
거울이엇으면좋겟다

그리움

저 푸른빛 하늘을
바라다보면

내 시야 끝에 닿는 그곳까지
내 님이 있고

내 님이 있는
그곳에는 수많은 벗들이 있다

손이 닿지않아도
만날수있고

발이 닿지 않아도
님을 만나러 갈 수 있으니

저 하늘 끝으머리 즈음에는
내가 그리워하는 님이 계신곳
님이 계신곳
그곳에선

님은 무엇으로 그리움 달래고
님은 무엇으로 외로움 달래나

바다

바다야 바다야
수평선 끝으로 또 바다야

기다리면 누군가라도 올것만같고
떠나면 다시 보고싶은
황홀한 바다야

별이 바다위에 보석처럼 박히어
가시가 되듯
억울하게 죽은이들의 무덤처럼
칡흑속에서도
영혼을 노래하는
바다야 바다야 슬픈 바다야

사랑

함께 하고싶은것이 많아서
함께 가고싶은곳이 많아서
오래 기다리지 않게 해주고
돌아설때 보고싶어서
만날때마다 웃게만들고
슬플때마다 안아주는것
이것이야 말로
사랑이 아니고 무엇이겠는가

진심이 옷속으로 스며들고
손끝으로 묻어나와
행복하다 말할수있는 지금이
사랑아니고 무엇이겠는가

함께할수있는 시간이 천년도
안되는 기가막힌 이유를

천년만 함께하자고 말해주는 당신이
내게 사랑아니고 무엇이겠는가

아침이 오기전 당신의 안부를 묻고
하루가 저무는 매일의 일상이
지루하지않는건
사랑하는 사람이 있기때문이란걸

그 진실을 알게해준 당신
이런하루가 사랑아니고 무엇이겠는가

선물

당신이 내게 주는 것들은
시가 됩니다

아침도
꽃들도
바다도

그리움이 아침을 타고 오면
나는 아침에 시를 태워 보내고

설레임이 꽃을타고 오면
나는 꽃에 시를보내고

보고픔이 바다를 건너오면
나는 바다에 시를 보냅니다

모든것이 지금은 아름답고

모든것이 지금은 설레이고

모든것을 지금은 선물하고 싶기에

이 순간이

그얼마나 아름답습니까

그리움

참으라합니다
저바다는 나에게

성난파도가 잠들고나니
새들도 한참을 그렇게울다 잠이들고

고요는 이세계를 정복이라도 하듯
비장한 각오로 침묵합니다

내발걸음은 한걸음 조차
더 나가지 못하고

기억에서 기억으로 이어지는
통로에 서있는것처럼

그리움을 따라서
여기 이곳에 머물럿습니다
시간이 새벽을 찾아와도
아직 이세계는 무겁고 적막하여
두렵기만 합니다
무슨 죄로
기억속의 당신은 그리도 힘들어

흑빛 바닷속까지 당신의
마음이 시커멓게 멍들어있고

작으마한 돌맹이처럼
나는

그대를 지키는
밀물과 썰물의 시련에도

버티고 버티는
작은 조가비 사랑입니다

최고 최고야

멋짓인생 ! !

한번왔다 한번가는
그것이 인생이지

미련도 갖지마라
원망도 하지마라

생긴대로 살다가
멋지게 가는거야

그것이 인생이지
그것이 인생이야

돈도 좋아
명예도 좋아

그래도 여보게나
마음 편한게 최고 최고야

울면서 이세상에
다들 왓지만

이세상에 갈때는
웃으면서 가는거야

그게최고 최고야
그게최고 최고야

미련도 갖지마라
원망도 하지마라

생긴대로 살다가
잘놀다 가는거야

거친파도 성난파도
내인생 고달파도

언제 그랬냐고
웃을날 있으니까

힘들다 울지말고
지친다 포기말고

하룻밤 자고나면
언제 그랬나

웃을날
있을테니

행복하게 사는거야
행복주고 사는거야

그렇게 사는거야
그게 인생이지

내인생 잘살앗다
네인생 잘살앗다
술한잔 기울이며
말이나 하세

최고 최고야
최고 최고야

사랑의 노래

사랑한다고 말을 해주오
당신의 말한마디로 나는
이세상을 그나마 사는 사람이잖소

정으로 쌓여진 숱한 시간들도
애타던 가슴이 머물러진 시간들도
당신앞에 서만은 초라하게 보일지라도

나는 나는 당신의 그림자라도 좋은 사람 이잖소
그저 나무라지만 마소
그저 탓하지만 마소
당신이 싫어하는 내가
당신을 그토록 좋아하는 내가
나는 그런 내가 좋소

세월의 무게가 우리의 반만큼만
더 무거워지는날
나는 당신의 무덤가에 피는 꽃이
되리니

허무한웃음 지으려해도
안타까운 미소 지으려해도
도저히 웃지못할 그때를위해

나는 진심으로 당신을위한
노래를 부르리다

사랑 노래를
사랑 노래를

새벽

뽀얀 달빛이 너무도
아름다운밤
달이 창문앞 나뭇가지에
걸치어
내게 할말이라도 있는듯
웃고 있다

달빛은 고요히 내머리 위로
내려앉아 속삭여준다

지난날의 사랑을
우리들의 청춘을
그리운이들의 이름들을 하나하나
불러가며
새벽이 오기전에 보내야하는 달빛
달빛을 유리잔에 담아

보내고싶지 않으려하나
새벽은 달빛을찾으러 별들을보내고
별은 달을몰고 사라진다

밤새 나누던 비밀같은 말들에
내 눈가에 고인 눈물처럼
영롱하게 가슴에 남고
어스름한 저편으로 달빛이 지나간 곳으로
새벽이 기어이 온다

시골집

그냥 봐도 도화지속에 그림
하늘에 맞닿아
산줄기 능선은 길게 펼쳐있고
빼곡히 들어선 나무들과
우거진 숲들
자그마한 계곡물은 꼬불꼬불
어디론가 흐르고
한나절 있어도 인기척없는 시골길을 차한대 훅 지나가면
그제서야 까마귀들도 일제히 운다

정겨운만큼 고독하다
고독한만큼 그립다
숲길을 따라 가보니
계곡물이 가지런히 흐른다
송사리떼들은 나를 보고 도망을치고
나는 송사리떼 놀던물에 손을담가 시원함을 느껴본다

하늘은 더 나와 가깝게 내려와있고

산등성이 아래로 붉은 노을이

지려할때

나도 도화지속에 그려 놓고싶다

지금 화려하지않은 내모습을

시골집

한낮에 캔 감자가
한바구니 마루위에 얹어있고

빨간고추는 언제그리 많이 따놓은건지
마당에 돗자리펴고 널려있고

흰둥이는 집을 지키랫더니
한나절을 그렇게 잠만자고 있다

찾아오는이도 없다

해가 좀 져서 어둑어둑해져야
주인할아버지는 집에 들어오실려나보다

할머니는 낮동안 말린 고추를
몇번을 쉬면서 거두어들이고

부엌으로 들어가 나오질 않는다
아마도 저녁밥을 준비하는 모양이다

솔솔 된장국 끓이는 냄새가
집밖까지 진동을하고 나서야
저멀리 할아버지는 술한잔
걸친 자태로
기분좋게 걸어오신다

쓰러져 자던 개도
번개같이 눈을뜨고는 꼬리를쳐대면서 할아버지를
마중간다

낮에 집에 별일 없었냐고
둘이 대화라도 하듯
둘은 그렇게 그렇게 하더니

시골집 밤은 금새찾아오고
하늘에 별은 총총히 박힌다

가을

산 너머 너머에서
시원한 가을바람을 몰고오니
여름아
고맙다

천지에 뜨겁던 열기는
식어가고
죽도록 더웠던
나무들도

이제겨우 한숨을 돌리는듯
바싹 마른 잎들도
고개들고앉아
가을바람을 반긴다

여름아 고맙다
더워서 이내 잠못들엇던
밤들의 기억도
한줌
가을바람에 잊혀질수 있고

뙤약볕의 고통도
한줌
가을햇살에
미소지을수있으니

여름아 고맙다

사랑하기

하루 온종일 너의 연락을 기다리며 보내는 시간동안
내 마음은 따뜻했으며
내 가슴은 뛰었으며
내 머리는 너를 그리며
한참을 넋놓아 있어도 모를
그리움에 사로잡혀
해질녘 되어서야 번뜩 정신을 차려본다

못본지 오래되어서
더 그립다

하루는 생각보다는 너무길고
지루하며
우리처럼 사랑하는이들에겐
하루는 다른 계산법으로
따져보고 싶다

바람이 살랑살랑 부나보다
창틈사이로 이젠 찬바람이
삐집고들어와 내 코끝을 스친다
커튼사이 창문너머로 보이는모든게
너엿음 좋겠다

이토록 보고싶은게 사랑
그렇다면 사랑하고있는 지금이 난
얼마나 외로우면서도 행복한것인가

하루가 긴만큼
너를 생각하는시간은 점점길어지고
이 밤도 길다

오늘은 사랑하기 좋은 날

말복

한풀 꺾일듯한 더위가
막바지 오기를 부리듯
기승을 부리고
수려한 산들도 지친듯
빛을 바래고 누워
일어설 기력없이
그리 강열한 태양을 맞서고나니

오직 말복 만이 누릴수있는
여름의 끝자락
그래 너의 기세에 눌려
내년에 여름이 다시 오는가보다

겉절이

겹겹이 쌓인 속살
치마폭에 둘러쌓여
깨끗이 목욕하고 나온 뒤엔
눈부시게 희고 곱다

엄마 손 한번 더 거쳐야
어여쁜 옷 입어보고
엄마 손 한번 더 거쳐야
제대로된 맛 부려보네

고춧가루 보다 매운 손
찬물에 수십번을 담그고
화려한 배춧잎
붉은 옷 입혀놓고 보니

오늘 저녁 밥상 주인공이
탄생되는 순간이다
하얀 쌀밥 위에
겉절이 납신다

그리운섬 독도

거친 물살을 따라
몇 구비 구비 너머에
보고픈이의
손끝이라도 닿을까

그리움이 가득한 섬

하얀머리 노인은
바다 뱃머리를 향해
이유없는 손을 흔들며
늘 이바다의 주인처럼
먼 손님들을 마중하네

사계절이 다시오는 겨울길목
철새들의 거사가 시작되고
거품같은 파도가 밀려오면

아득한 그곳의 아우성이
독도 ! 너의 소리였구나

기다림

웃어라
외롭지않은것처럼

시들지 않는 꽃이
어디있으랴

혼자라는건 외로운게 아니라
그리운사람이 있다는 증거다

꽃이 필때
벌이 오듯

꽃이 지면
벌들은 꽃을 그리워한다

꽃이지면
바람은 꽃을 그리워한다
울어라
슬프지 않은 것처럼

아프지 않은 사랑이
어디있으랴

슬픈다는건 아픈게 아니라
아직도 사랑하고 있다는 증거다

사랑이 지나고나면
그사랑은 기다림으로 온다

사랑하엿거든
홀로핀꽃처럼 기다리고

그리워하였거든
서럽지 않은 것처럼 고백해라

꽃이
기다림이 있어서 아름답듯

사랑도
기다림이 있어서 더 아름답기에

꽃이 진다 서러워말고
사랑이 진다 서러워말라

꽃이 피는날
사랑도 온다

입춘대길

그리운날 새들이 반기고
그리운날 꽃잎이
발그레 미소지며
봄의 소식 전하려나

구름뒤로 숨은 바람

오늘은
마냥 부끄러운 내 마음 전하려고
당신의 문앞에서 서성입니다

봄날

따스한 바람이 나의 머리를
쓰러내리면
봄이 온줄 알고
분홍빛 셔츠를 입고
마중가겠습니다

창문 틈으로 바람이 스며들어
나의 귓가에 맴돌면
그대 일까봐
고운신발 꺼내어
마중가겠습니다

풀내음 바람타고
머무는곳에
혹시나 그대 올까봐
노오란 장미꽃 꺾어

마중가겠습니다
어느 봄날처럼
따스한 햇살로
그대 내게 온다면
꽃편지 길게 써놓아 두고
마중가겠습니다

하늘꽃

하얀 눈꽃 닮아서
더 서러운 그대 눈동자

늘 내앞에 그대라서
나는 오늘도 행복하거늘

꽃이 곱던 그날도
하늘엔 애궂은 바람뿐

하늘꽃
푸른잔디위 말벌한마리
꽃잔디 위로 냉큼 올라와
꽃가루 몸에 묻히고
저 멀리 달아나네

봄이여 어서오라고
겨울 끝무렵에 서두르는 봄나비처럼
아직은 추위를 견뎌야하는 풀잎들도
말벌을 반기고
봄나비를 반기는구나

겨울이 남겨놓은 사랑이
누군가의 가슴에
저미도록 아픈기억은
이제는 잊고싶은 추억이되고

겨울이 남겨놓은 미련은
누군가의 기억속에
아련한 마음의
선으로 남아

놓지도 못하고
잊지도 못하는
추운 겨울속 꽃잎같은
그대 사랑

버리려해도 버릴수 없고
놓으려해도 놓을수없는
하늘꽃 눈부신
나의 사랑

그리웁고 애처로운
그대 꽃잎 날리어
멀리서도 따스함
느낄수있게 하여주렴

헤아릴 수 없이 수많은 별들
밤하늘 수놓은듯 하얀밤
뜰 아래 내려앉은 달빛은
누구의 이름일까 부르고싶네

얼음새꽃

겨울눈을 맞으며
홀로이 핀꽃
세상을 이기고자
꽁꽁 언땅을 삐집고 나와
이렇게라도 살았으니
보란듯이 고개내민
서러움이 짙어서
엄마 닮은꽃

봄의 전령사다운 용맹함이
꽃잎 하나하나에 서려있고
버려진 이들에게 말을건네듯
눈거플 지긋이 감아주는
노란얼음꽃

힘겨웠던 어느날.
그리움이 사라질까봐 부르던노래

엄마에게 들려주러 가던길에
곱게 얼음속에 핀 노오란 복수초
나를 위로하듯 뻔한 미소에
내 가슴은 뜨거워지네

겨울

꽁꽁 얼어붙은 땅위에
하얀 얼음눈속을 뚫고
기어이 삐집고 머리내민
꽃한송이

꽃은 가녀리기만 한건 아닌가보다
세상과 싸우고자
세상을 이기고자
모진 눈보라 이겨내고
거친 비바람 속에서
어쩜 그리 곱게 피어났는지
눈 속에 꽃이라 더 반가움이 크네

흰머리 가득한 어느 할머니한분이
지나가다가 그꽃을 바라보며
놀라는건지

애처로워하는건지
발길을 멈추고 말을 못잇는걸보니
사람 마음은 다 똑 같은것같다

그리움이 다해서 이젠 지친사람들
사람은 그렇게 한살 더먹으면서
철이들고
모든것들이 익숙해지고 나면
조금은 낯선 것들이
궁금해지기도한 때가 오는것같다.
더 젊게 사는방법과
조금 더 젊어 보이는 삶을
선택하면서

이별

고마운 이별인데
가슴이 아프다
내 사랑을 두고
나는 어디로 가야하나

아 사랑아
아 눈물아

삼켜진 눈물은
가슴에 젖어들고
별빛이 잠들때까지
이 밤을 지키고 있는 나

아 사랑아
아 눈물아

오늘은 이별이 아프고
내일은 그리움에 아프다
노란꽃 한송이 들가에피어
바람에 실컷 나부끼면
떨어진 꽃잎 주으러 가야지

아 사랑아
아 눈물아

기억하는 모든것들이
지나가고나면
나는 꽃으로 다시 태어나
너를 조심스레 만나러 갈테야

달빛

호숫가에
덩그러니 달빛이 내리고
아무도 살지않는 것처럼
고요하다

호수에 별들이 박히고
물결은 실바람에 너울너울
춤을춘다

낮에는 볼수없는
이 고요함
호숫가에 빠진 달과 별들

이것만으로도
나는 충분히
숨을 쉴것같다

기분을 좋게하는 아름다움
멈출 수 없는 즐거움
고요함이 주는 의미는
내가 살아있다는 확인 같은것

고맙다
밤이주는선물

말복날

말도 많고 탈도 많던
가장 뜨거웠던 올 여름

복에겨운듯 노랫가락
절로 흥얼거리는 새들의 노랫소리

날마다 좋은날은
저 새 뿐이로구나

해바라기꽃

작은 꽃씨하나 심었더니
머리에 긴 모자를 뒤집어쓰고
뾰족이 얼굴 내민다

신기하게도 해를 좋아하는 녀석이라
낮에는 어린 사내아이처럼
짖꿎은 얼굴로 고개를 들이대며
햇님앞에 당당하다

하루가 멀다하고
키가자라고
넓다란 치마폭같은 잎들은
성큼성큼 커지는바람에
어느새 어른이된듯 의젓하다

노오란 꽃잎은

금방이라도

꽃잎 활짝 터뜨릴것처럼

가득차있다

얼마나 큰 얼굴로 태어날까

꽃속에 씨를 품고 있어서

더 행복한 기대로

물한줄기

바람 한줄기

공기 한줌 ....

숨을 쉬는 모든것에대한 감사함에

희망을 가득품은

해바라기 꽃에게

나의 희망도

가득 품어본다

어머니

어머니 어머니 우리 어~머니
사랑한다 한번 더 말해줄껄
고맙다고 한번 더 안아줄껄
이제서야 그 말을 가슴에만 묻고
하염없이 눈물만 흐릅니다

소나기가 내리는 대낮에
어머니 어머니 우리어머니
너무보고싶어 달려가보니
비많이 온다 오지마라

걱정하시며
내걸음을 멈추게하시니
오늘도 무덤가에서 어머니 모습
한참을 그리워 불러봅니다

어머니 어머니 우리어머니
젊은 날 좋은날에 다시태어나시어
꽃처럼 예쁘고 별처럼 빛나는인생에
한번 더 나의 어머니로 살아주세요
한번 더 나의 어머니로 살아주세요

사랑은

사랑은

해저믄 노을처럼

가장 뜨거웠던 순간을 감추며

눈시울 붉어지는 그리움

그리움이다

사랑은

성난 파도처럼

미움과 질투속에 일그러지는 괴로움

괴로움이다

사랑은

바다 한가운데 우뚝 서있는 등대처럼

한없이 기대고싶고

기다리면서도 행복한

그래서
사랑은 기다림이다

많이 기다릴수록
많이 아파할수록
당신의 사랑은 노을처럼 황홀해지고
당신의 사랑은 파도처럼 힘이세지고
당신의 사랑은 등대처럼
누군가의 행복의 길잡이가 되어줄 것이다

바람꽃

하늘엔 하늘만 있는것이 아니다
바람이 숨어
구름사이로
작은 햇살 사이로
당신의 마음처럼
내 뒤안에 숨어
늘 꽃향기 피우며 산다

내 마음엔 내 마음만 있는것이 아니다
꽃으로 살까
바람으로 살까
넓은 들녘에 풀한포기로 살까
내 마음의 가장 깊은곳
내 마음에 숨어
그대 그리움 향기 품으며 산다

바람은
바람 그대로라서 좋고
당신은
나의 그리움 이라서 좋다

엄마

지금도 엄마 하고 부르면
건넛방 어디서든 왜 하면서 대답할듯
귓가에 맴도는 엄마의 목소리

귀찮치도 않으신지
언제나 잔심부름도 마다 않으시던
엄마의 사랑이 너무도 커서
나도 엄마닮아서 내 아이들의 부름에
벌떡 일어나곤합니다

밥 굶을까봐 배 골을까봐
살기좋은 요즘에도 늘 그걱정하나에
주름살 서너줄 더생긴줄도 모르고
나는 핀잔만 늘어놨던 어린철부지였네

아직은 세상에 홀로 맞설 자신없는데
이만큼 나이 먹었어도 엄마 생각만해도
눈물 글썽이는 어린아이같은데

보이지않는 엄마의 모습을
꿈에서나 보려나
오늘도 헤매입니다

그리운 얼굴
그리운 목소리는 사무치는 설움이되고
어느날은 앞으로 혼자 걸어야하는길에
엄마 목소리라도 들리면
용기가납니다

오만가지 자식 걱정을 두고
지금은 편안하실까 생각하면
웃음도나고 눈물도 납니다

봄바람이 따사로운날
바람이 살랑거리는 길을 걸으며

들꽃을 보아도

날아드는 새들을 보아도

오늘은 엄마생각 뿐입니다

바람은 엄마있는곳으로 나를 데려다주고

꽃은 엄마있는곳으로 나를

머물게하고

오늘은 내가 엄마를 걱정하러 왔습니다

내안의 사랑

내가슴에 진분홍빛 사랑이피면
설레이는 그대미소 자꾸떠올라
가슴으로 불러본다 내안의사랑
가슴으로 불러본다 나만의여인

그리움아 내여인아 그대는 어디에
사랑이여 피어나라 그먼곳 세상에

잠못들던 기나긴밤 내님생각에
그리운님 사무치게 보고싶어서
가슴으로 불러본다 내안의사랑
가슴으로 불러본다 나만의여인

그리움아 내사랑아 그대는 어디에
사랑이여 영원하라 꿈같은 세상에
그대여 영원하라 우리의 세상에

별과 나

그 넓은 곳에서
혼자 반짝이는 너
외롭지 않니?

나는 이좁은 집에서도
혼자 있는것이
외롭더라니

하늘속에 너
이곳에 나

오늘은
너나 나나
외로운신세

행복의 잔디아래서

아지랭이 피어나는 새벽녘
이슬 머금고 부끄러워하는
풀잎들사이로
꽃이 피엇다

붉은옷을 입고 태어난 꽃
진한향기를 담아

코 끝을 간지럽히는
아기와도 같이

여린 잎들이 포개어지어
저리도 아름다울까

나를 위한 꽃이라하니
매일 너를 보러 오리라

하늘빛이 따거운 오후
너의 가시만큼이나

내인생 참으로 쓰리고 아프다만
잔디위에서 이슬픔 견디는 동안은

너의 위로가 크더라니

붉은꽃이 다 지어갈때쯤
내 힘든시간도
꽃잎지듯 진다면 얼마나 좋겠니

파란잔디위로 어느새 노을이내리면

나는 돌아가야하는길이 멀다만
오늘은 그래도 행복하엿다하리라

선량한 사람들이 꽃을좋아한다지

좋은날도 있고
그렇지않은날도 있으니
오늘은 좋은날로 정하엿다
나는

고향

내 고향 하늘도
지금은 밤이겠구나

별들이 총총히 박혀
늘 찬란햇던 어린시절의 눈으로 보았던
밤하늘

내 기억은 그곳에서 멈추엇고

꿈과 사랑했던 모든것도
그 순간에 멈추어있다

그리움이 깊어지니 서러운게많다

정들었던 벗들과
작은동네 골목길

변변치 않은 집들
화려하지 않은 불빛들

모든게 잊혀진줄 알았는데
지금은 모든게 그립다

마음에서 마음으로
때가되면
누그러지는 애닮음을 안고

내고향 밤하늘닮은
하늘을 보니

눈물도 나고
노래도 나오고
웃음도 나온다

그리운어머니

밤하늘에 무작정 불러봅니다
세상에 나혼자 버려진것처럼
살다가도

고향이 있다는것만으로도

어머니 품속 같아서
힘을내본다

보고싶은 어머니

밤하늘에 무작정 불러봅니다

님이시여

님이여 님이시여
저 강을 건너서
넘실대던 구름을 쫓고
달아나듯 숨 달래지도 못하고
그리간다면
해지는 녘 에 나혼자 넋두리 할
그림자 하나 놓고 가세요

님이여 님이시여
저 강 위에 떠오르는 달빛이
나를 부른다면
내 어이 그강을 건너지 않겠소

잔별들이 내리고 스치는 바람은
쓰고 달았던 우리들의 회상 같아서
어둠속에 피어오르는 물안개 위로

나는 걸어가리다
님이여 님이시여
저 강을 건널적에
두고 온 사랑이 있다하여
한번이라도 뒤 돌아 보고
내 눈물 가져가세요
그대 눈물 내게 있으니

님이여 님이시여
저 강을 건너서
내 님이 있으니
나 좀 이제 쉬게 해주게
달빛 잠든 고운밤에
물결도 잠든 고운밤에
님의 얼굴닮은 달빛이 될테이니

님이여 님이시여
고운님 내님이시여
여섯개의 별이 늘 밝게 웃고있으니
밤길도 이제는 무섭지 않고

바람소리에 눈시울 뜨거워

님인줄 알앗더이다

엄마

지금도 엄마 하고 부르면
건넛방 어디서든 왜 하면서 대답할듯
귓가에 맴도는 엄마의 목소리

귀찮치도 않으신지
언제나 잔심부름도 마다 않으시던
엄마의 사랑이 너무도 커서
나도 엄마닮아서 내 아이들의 부름에
벌떡 일어나곤합니다

밥 굶을까봐 배 골을까봐
살기좋은 요즘에도 늘 그걱정하나에
주름살 서너줄 더생긴줄도 모르고
나는 핀잔만 늘어졌던 어린철부지였네

아직은 세상에 홀로 맞설 자신없는데
이만큼 나이 먹었어도 엄마 생각만해도
눈물 글썽이는 어린아이같은데

보이지않는 엄마의 모습을
꿈에서나 보려나
오늘도 헤매입니다

그리운 얼굴
그리운 목소리는 사무치는 설움이되고
어느날은 앞으로 혼자 걸어야하는길에
엄마 목소리라도 들리면
용기가납니다

오만가지 자식 걱정을 두고
지금은 편안하실까 생각하면
웃음도나고 눈물도 납니다

봄바람이 따사로운날
바람이 살랑거리는 길을 걸으며

들꽃을 보아도

날아드는 새들을 보아도

오늘은 엄마생각 뿐입니다

바람은 엄마있는곳으로 나를 데려다주고

꽃은 엄마있는곳으로 나를

머물게하고

오늘은 내가 엄마를 걱정하러 왔습니다

어머니

그 이름 만으로도
가슴이 먹먹해지고

길게 한숨 내리 쉴때마다
눈시울이 붉어지는

바보스럽지만
원망스럽지만

철부지 처럼 울고싶고
철부지 처럼 떼쓰고 싶어서

소리한번 질러봅니다

엄마의 그늘아래
따스한 보금자리에 둥지를 튼 제비처럼

아직도 어린아이처럼
엄마앞에서는

그래서 어른처럼
그래서 어른 다된것처럼

큰소리쳐놓고
얼마나 울었는지

나도
이만큼 나이먹엇나봅니다

나도
나만큼 큰 자식이 있고보니
이제야 조금은 알것도 같습니다
내가 이긴게 아니엇다는 것을

아버지

살아서는 꽃한송이 한번을
본척도 안하시더니

어찌하여 아버지 무덤에
이리 많이 꽃이 피었소

꽃만큼 아름다웠던 청춘이었다
말하고 싶엇나보네

꽃만큼 화려했던 시절이었다
보이고 싶엇나보네

소주한잔 아버지앞에 부어드리고
한나절을 마주앉아 있어봐도

허전하더이다
아버지 목소리 그리워서
아프더이다
아버지 얼굴이 그리워서

꽃밭에 누워있는 아버지곁에
나비와 벌과 새가 꽃잎따러 올까봐

오늘은 그런것들이 두렵소
오늘은 혼자두기 두렵소

너무 일찍 간 세상은
이곳보다 나으려나

이곳 또한
그리 좋지많은 않지만

아버지 술한잔 드리러 가는 날이
다른 날 보다는 행복하오

아버지 말벗 하러 가는 날이
다른 날 보다는 행복하더이다

꽃들이 만발하여
사계절 내내 아버지에겐 봄날이고

꽃향기 쫓던 나비와 벌도
아버지 세상에선 늘 봄날이구나

내가 힘든날 찾을곳
이곳만한곳이 없으니

아마도 내게 봄날은
아버지 곁이였나 봅니다

울릉도

거친파도 가로질러
천리길을 당도하니
바다 한 가운데에 길게 다리뻗고
누워있는 섬하나

고향도 멀리하고
섬사람 다 되엇으니
그저 여기가 고향이구나 하고 사는
어느 뱃사공의 노랫가락은 흥을 자아내고

녹녹지 않은 생활에서도
큰 뜻 가슴 깊숙한 곳에
자리해있을
저들의 노고

새들은 그들의 애환을 알아주는듯
바다 한가운데에
우뚝치솟은 바위산을지키듯
홀로 앉아있다

바다와의 기나긴 싸움도
세상사 시름도
잊고 살아도 좋을 이곳에
날이 저물면

술한잔에 외로움을 이기려는자와
술한잔에 슬픔을 달래주는자
울릉도의 밤은
이렇게 저물고

달빛에 살얼음 녹듯
풀벌레 울음소리 구슬픈밤
울릉도 밤하늘에 박힌 별을세며
나는 그대에게 편지를 씁니다

해당화

고운빛 살결 드러내어
파도소리 들으며 자란
바닷가 외롭지않게 넉넉히 피어있는
해당화

열두치맛자락에
애워쌓여
꽃수술 향기 뿜으며 파도위로 날아오르는
그리운꽃 해당화

꽃잎은 벌을 반기느라
새벽이슬에 눈물 또옥 떨구고 있다가
소스라치듯 놀라 입술을 다문다
어여쁜꽃 해당화

존재

바람을 탓하지 말고
세월을 탓하지 말라
꽃잎이 지는것에 아쉬워 말고
나이먹는다고 서러워 말라

자연에서 자연으로
돌아가는 길에
잠시 머물다가 가는게
이치 이려니
좋을것도 싫을것도 남기지말고
그저 한 줌 흙으로 가는날
내 이름 불러줄 이하나 있으면
좋으리

꽃이 피던날 아름다웠던것을
기억하고

꽃에서 꽃의향기가 나는것을
기억하고
그 꽃의 이름을 불러주고
기억해줄 수 있는
그저 한사람
그러면 충분하리라

덧없이 흐르는 구름조차도
내인생에선 아름다운 풍경으로
기억된다

바람이 숨죽이듯 고요한것도
파도가 숨죽이듯 고요한것도
내 인생에선 아름다운 풍경으로
기억한다

노을이 지는 풍경을 기억하며
벌레 울음소리 나던 여름밤을
기억하면 된다

늘

꽃처럼 바람처럼 구름처럼

그리고 별처럼

기억되는 사람이 되고싶다

내게로 오는 당신

바람이 불면
바람 끝으로
당신일까봐

창가에 기대어
온 종일을
서성입니다

뒤돌아보면
당신의 그림자처럼
사라지고마는

바람으로
오늘은 내게로
오시렵니까

꽃잎이 지면
떨어지는 꽃처럼
눈물일까봐

마음 녹이며
온 종일을
기다립니다

뒤돌아보면
당신의 향기처럼
사라지고마는

그리움으로
오늘은 내게로
오시렵니까

백일홍

꽃피는 7월은
언제나 봄날처럼
화사하고 그윽하다

꽃내음을
따라
지쳐 쓰러져있는 꽃벌들을 보라

흙내음이
좋아서
뛰어다니고

풀벌레
성큼성큼 기어서
이내 다다른곳에

꽃 몸속
깊숙한 곳
헤어나오지 못할 그곳

꽃 수술뒤에 숨어
숨바꼭질 하다
잠들어버린 내사랑

나는 나는 꽃이좋아
향기뽐내며
달려드는
나비도 좋아

이른 저녁
한산한 풒숲에 앉아
넋놓고 불러보는
그리운 노래

밤잠 설칠까
오늘도

걱정하듯
달래보지만

사랑이 그리워 잠못드는밤
차라리 오늘은 꽃별되어
그대의 보금자리 한켠에
숨고싶어라

수평선

세상에 홀로 남겨지듯
굵은 마음의 선 하나 그어놓고
다 버리라하네
다 놓으라하네

끝없는 사랑과 용기
커지는 마음 또한
비울 수도 없고 채울 수도 없는
마지막 순간

수평선은 내게
전부를 가지라하네

수평선은 내게
사랑하라 하네

선물

내게로 오시는가
어느날 꽃으로
내게로 오시는가
어느날 바람으로
손끝이 닿으면 눈물
보고싶다 하니 더 그리워지는 얼굴
하늘에 꽃이 핀다
당신이 내게준 선물인가
바람이 내볼에 닿아
두손으로 바람을 감싸안으니

어머니 품속 같다
아 ~~
아 ~~
참을 수 없는 그리움
나도 누군가의 선물이 되고싶다

엄마의 노래

딸아이 시집가던날 거친 손 마디로
내 두손을 꼬옥 잡아주시며
아무말도 없이 미소만 주셨네

잘살으라고
많이 참으라고
말대신 주신 미소였네

딸자식 나아서 뭐하냐고 하던 세상에서 살던 당신은
딸이라서 좋았다고 말씀대신
늘 안아주셨네

천방지축으로 놀다가 엄마무릎위에서 잠든날도
머리를 쓸어주시며 부르시던 노래는
내인생에 첫 감동이 되고

귓가에선 아직도 당신이 들려준 노래가 가슴을
먹먹하게 하는데
그리운 노래
그리운 목소리....

딸자식 어디가서 고생하지 말라고
늘 자는얼굴 쓰다듬어 주시던
그 거친손이 내볼에 닿을때는
참으로 따뜻하엿네

당신의 머리맡에 놓인
낡은사진속의 젊은시절의 어머니
아~~아~

꽃처럼 어여쁜 어머니
꽃처럼 수줍은 어머니

당신의 추억속엔 나보다 더 많은것이 있을텐데
그얼마나 소중할까요
그시절로 다시 돌아갈 수만 있다면

당신은 더 행복할까요
나는 당신의 딸이라서
너무행복한데

모든게 고맙습니다
모든게 감사합니다

한번도 하지못했던 그말
어머니
당신을 사랑합니다

비오는 날

누군가의 마음이
비로 옵니다

강기슭 돌뿌리에 매섭게 부딪히며
빗물은 강물을 타고

누군가의 삶처럼
비가 옵니다

신발에 온통 흙이 묻어
발이 축축해지고 벗어날곳 없지만

누군가의 사랑처럼
비가 옵니다

감사안듯 온몸을
에워싸듯 가슴을
오늘 비는
그대처럼 그리움담아 옵니다

철쭉꽃

고운님 어서오라고
손짓하며 반겨주는
더 곱고 여려서 가슴아픈꽃

꽃향기를 따라서 나들이가는
벌과 나비를 쫓아
구름 걸터 앉은 고갯마루

꽃잎 그윽한 향기에 취해
지천으로 피고지는 앞마당에는
누렁이 오늘도 잠을 설친다

철쭉꽃 필무렵

철쭉꽃 피는 계절이오면
시냇가 겨우내 얼엇던 물이
졸졸 흐르고
돌맹이들 사이로 어린 물고기들은
뛰어논다

자유를 얻은것처럼
봄은 그렇게 오는가보다
집 벽에 가지런히 놓인 제비집을
청소하다보니
작년에 갓던 제비가 서둘러
오는중이겠거니 기다려진다

꽃이 피어야 봄이왓구나 알 수
있듯이
산천에 철쭉꽃 봉우리 터질때가되니

나무들도 강도 산도
봄 치장으로 바빠보인다

다시 늙어가는 것처럼 살다가도
봄이 오면 다시 젊어지는것 같고
다시 고독하다 싶어지면
꽃은 내게 친구가 되어준다

철쭉꽃 필무렵
버드나무 가지에도 봄이온다

진달래꽃

그옛날 우리엄마 치마저고리 닮은
진분홍 여린잎 진달래꽃

길고 긴 겨울속에서 움트고 자라나
엄마 손등처럼 거친 흙바닥을 부벼가며

산천에 피고 지는
분홍빛 진달래꽃

동생 업고 놀던
정든 고갯마루

뉘엿뉘엿 해질때쯤
노을은 이 마을 언덕길에 잠시쉬고

여린잎 솜잎같은 진달래꽃
옹기종기 피고지어
저녁노을 속에 피어나는
선녀 옷 처럼

붉은향기 퍼뜨리며
온 몸가득 수줍어 웃는

엄마 닮아 서러운꽃
붉은 꽃 진달래꽃

행복

마음에서 왔다가
마음으로 가는것

어두운 터널 앞에서도
용기 낼 수 있는 힘이 생기는것

두 손을 맞잡고
그윽한 미소 나눌 수 있는것

서로에게 위안이되고
서로에게 용서가 될 수 있는 것

가진자도 없는자도
마음 비워놓고 보면 알 수 있게되는것

어린아의의 함박웃음에서
느낄 수 있는것
깊어진 주름에서
인생을 보게되듯

험한세상에서 그래도 잘버텨가는
내모습을 보면서

잠자는 머리맡에서
새삼 밝은 내일을 기대하게되는 순간

느껴질 수 있는것
그것은

행복

회상

잊혀진 것들에 대한
그리움이
어느날 향수로 남아
바람처럼 스치는 순간 마저도
보고픔에
간절하다

어린아이처럼 순수했던 시간들
그리고 사랑했던 사람들
영혼이 곱게 물들어 버린 것처럼
어느새 내 나이는 물이 들어가고
지나온 세월앞에
겸허히 무릎꿇는다

버려진 인생은
없다

살아가야 할 이유를 찾는게
인생에
숙제인것처럼
그저 살 뿐이다

회상한다
많은것을 그리고
모든것을
순간 잊엇던 것들에대한
예의처럼
마치 고마움처럼

가끔
바람이 되고싶다

우리는
무엇을 꿈을 꾸고 잇는것일까
우리는 무엇을 두려워 하고 있던 것일까

가끔은 나 혼자만의 생각에 사로잡혀
아무것도 꿈꾸지 못하고
아무것도 두려워하지 못하고 있다

삶이 비록
내게는
비판적이고 고달팟지만

살아온 세월
뒤돌아보면
긍정적이었던 시간들

잘 간직하고 싶엇던 이야기들이
책갈피 속으로
차곡히 담겨있을 뿐

구지
드러나보이질
않더란 말이다

이내 마음이 무겁다
반쯤 살아온것도 후회투성이
앞으로 반 더살것에 대한 막연함이

내가 지켜야할것이
무엇인지가
더 중요한게 아니고

내가 이쯤 살앗을때
무엇이 더 부족햇을까
이런것들이 내머릿속에서 지워지지가 않는다

삶의
방정식
같은것

지겹도록 안풀어지고
해도해도 어렵기만한
방정식

사랑도 삶도
인생도
다 꼬일대로 꼬여버린 방정식 같은삶

더이상 풀지못하고
더이상 정답도 의문도 없는것처럼
과연 인생이란것이 이런것일까싶다

마음 한켠
작게라도 내려놓을 수 있는
찻잔이라도 있다는게 좋다

나는
찻잔만큼은 안되지만
그저 마음 내려놓고 산지 오래다

그러나
가끔은 내 등에 짐이 실린듯
채워지는 삶의 무게

그럴때마다
짜증스럽고
힘에겹다

바람은 내게 속삭인다
가벼웁게 털어버리고 먼지처럼
살라고

나는 먼지가 되고싶다
가끔
바람이 되고싶다

누군가의 손에 잡혓다가도
손을 펴면
아무것도 남기지 않고 사라지는

꿈 이고싶다
낮게 바람이 일렁일때는
우리는 가끔 몸을 낮춘다

별게 아니라고 생각햇던
것들에 대한
경고처럼 들리는 소리들

낮은 목소리
이런것들에 귀기울이다보면
우리는 느껴질 수 있지 않을까

마음의 소리를
그리고
바람의 소리를

봄이 오는날

흙내음이 그리워
산길을 벗삼아 터벅버턱 걷다보니
앙상햇던 나뭇가지새로
조그맣게 삐집고 나온 녀석들이
용기를내어 인사를 하네요

저리도 약한 몸집이
저 단단한 나뭇가지를 뚫고
어떻게 나온건지
마냥 신기하기만 하건만

산모가 아이를 잉태하듯
나무도 새싹도 오늘만큼은
위대하다고 새삼 느껴봅니다

좋은 햇살을 받고
아침이슬을 먹으며
어서어서 자라기를 바랍니다

흙 냄새가 더욱 향그럽게 코끝에 머물러
지난가을에 떨어진 낙엽들의
사연까지 뒤범벅이 되고나니

흙은 좀 더 성숙한 내음으로
산길 골자기마다에
그리웠던 지난날을 되세기게 하네요

작은 풀한포기도 그대로 이 겨울을
견디엇나봅니다
큰 나무들의 보살핌으로
큰 바람과 큰 추위는 피할수 있엇으리라
짐작되지만

나보다 더 여려보이는
저여린 풀들도
잘 버티고 있는거보니

새삼 내몸과 마음이 부끄러워집니다
버텨야겠습니다
세상이 끝난거 같지만
다시 시작한다는것이
이런 아름다움이 큰데

봄을 만나러 가는길
오늘은 모처럼
발길이 가볍습니다

고향

내 고향 하늘도
지금은 밤이겠구나

별들이 총총히 박혀
늘 찬란햇던 어린시절의 눈으로 보았던
밤하늘

내 기억은 그곳에서 멈추엇고

꿈과 사랑했던 모든것도
그 순간에 멈추어있다

그리움이 깊어지니 서러운게많다

정들었던 벗들과
작은동네 골목길

변변치 않은 집들
화려하지 않은 불빛들

모든게 잊혀진줄 알았는데
지금은 모든게 그립다

마음에서 마음으로
때가되면
누그러지는 애닮음을 안고

내고향 밤하늘닮은
하늘을 보니

눈물도 나고
노래도 나오고
웃음도 나온다

그리운어머니

밤하늘에 무작정 불러봅니다
세상에 나혼자 버려진것처럼
살다가도

고향이 있다는것만으로도

어머니 품속 같아서
힘을내본다

보고싶은 어머니

밤하늘에 무작정 불러봅니다

그리움

문득 . .
그리운 마음에
내 너를 그려보지만

미안하다

내 머릿속은 너를 기억하지만
내 마음은 흔들리는 바위처럼

꿈쩍도 않을것같은 데도

한자락

바람에도 쉽게 흔들리고 있는

나

나
오늘은

니가 그립다

별빛

아름답다
지독했던 여름의 끝자락에서
가을은 손을 높이 치켜세우며
손짓을한다

모든게 뒤바뀌는 순간이 오면
달콤했던 추억도
이젠 별빛속으로 사라지고
흔적

그 남아있는것이 무엇이되든간에
우리는 아껴야한다

웃음을
가을은 잠깐이고

곧 세상이 천지로 얼어버릴
겨울이 오기때문이다

행복도 얼고
사랑도 얼고
내마음도 다시 얼어버리고나면
나는 지치는싸움을
또 해야할터인데

가을
고단한날들의 기억뿐이다

기억

잊지않게 해달라고
마음 녹이고
추운바람 언땅위에
숨에피는 꽃처럼
나는
당신의기억을 해냅니다

꽃처럼 고왔다고
별처럼 눈부시다고
달처럼 고요한

그날 당신의얼굴은
내 기억속에
그대로 머물러

하루가되고

그하루는 천년이되어

바람으로 옵니다

내게

고운 꽃향기로 옵니다

삶 그리고

먼 훗날에
우리는 즐거움에 겨워
눈물 흘리면서
이 세상에 남겨놓은 한가지
기억하기를

사랑 하나 남았거든
그 사랑앞에 겸손히
두 손을 모으고
기도하렴
눈부신 삶이 였다고

모든게 슬프거나
모든게 기쁘거나
모든게 힘들지만은 않은
이 세상에서

사랑 하나 남겨놨거든

햇살가득한날 차한잔나눌
친구 되어주렴

마지막 인사 멋지게 할수있게

초여름의 불볕더위가
내리고
잔잔히 부는 바람한줄기에
난 숨을 놓는다

아무리 보아도
오늘은

멋진날이다

어린시절

전봇대가 하늘에 닿을만큼
높앗고

교실에서 몰래 주워온 분필조각으로
담벼락에 낙서를하던

그 시절

땅거미 지는 골목길에
옹기종기 모여
낮에 주워 모앗던 공기돌을
꺼내어

순서대로 털썩 주저앉아
공기놀이를 함께 하던 친구들

깊은밤 업어가도 모를정도로
잠자다보면
뚝딱뚝딱 엄마의 밥짓는소리

아 그시절
너무도 그립습니다

너무나도 철없던 시절에
혼날만도 하거늘

엄마는 어찌 그리 너그러우셧는지
지금 에서야 알앗습니다

그저 사랑이셧습니다

그래서 지난 시절은
눈물이고 고마움인 것 같습니다

담벼락에 낙서 한것도
방바닥에 낙서 한것도

빈병을 엿바꿔먹은것도
토마토 서리한날도
수박 서리한날도

이제는 다시는 돌이킬 수 없는
추억이고

나는 추억에서 이어지는
모든것들을
감사하며 살것입니다

가을

산새우는 소리
서글퍼지면
이미 가을이 온 것 입니다

저 산아래 달맞이 꽃들이
향기를 천지에 뿌리고도
저리 조용한걸 보면

이미 가을이 온것입니다

개울물 소리가
새삼 처량하게 들려오고
물가에 작은 돌맹이 틈으로
생명 있는 모든것들이
빠른 몸놀림으로
일제히 바쁜척을 하는거보니

가을이 온 것 같습니다

이 좋은날도 잠시
이제 추운날이 온다는것을

이들은 먼저 알고 있기에
우리에게 주는 시원함을
고맙게 여기라고 알려주려는듯

성큼 왔다가
성큼 갈 준비를 하네요

이번 가을만큼은
왜
서러움이 큰가 모릅니다
보내지 말아야 할 것 같네요

높이 나는 새

훨훨 날아라
아주 높이 날아서
가장 낮게 있는 나에게
말해주렴
저 높은곳의 나라에선
누가 왕이고
어떤것이 행복인건지

날개짓하다가 좀 쉬어가거라
가야할곳이 있다면
쉬엇다가 가야지
오래가는법이니
지치지 않아야하고

희망의 끈을 놓지말아야
더 오래 버틸 수 있으니

먼길가더라도 더
높게 날더라도

낮은곳에서 너를 바라보는
이들이 많다는 것을
잊지말고

더 높게 날아서
꼭 들려주렴

높은곳에서의 이야기를

친구

곱게 단장을하고
수다를 떨고
온갖 참견 다 하고
그래도 모자라
또 만나자고 약속을잡고

하루도 모자라고
한달도 모자라고
이야기가 도저히 끝나지가 않아

친구란것은
만나도 만나도 끝이없는 것 같습니다

아주 먼 나라
이야기나라에서 태어낫던것처럼
우리들의 끝이없는 이야기는

웃음바다가 되고
삶의 즐거움이 됩니다

우리는 또 많은 이야기를
남긴채
만날 약속을 합니다

봄날

어서 오세요
희망도 사랑도 용기도

낮은곳에서 부터
어서 오세요

따사로움이 몸속을 비집고들어와
한껏 만끽을 부리듯

어서오세요
빛으로 향기로 달콤함으로

나는 작고 작은 몸짓이지만
내 깊은 가슴에선
지구밖의 별들처럼
뜨거움과 아득함이

만남

웃는얼굴이 좋아서
돌아오는 내내
그대의 얼굴을 그려봅니다

어린아이가 되어버린것같아
흥분되지만
애써 웃음도 참아보면서

발걸음이 가벼웁고
어깨를 씰룩이며
보고싶은 마음에

뒤를 한번 돌아보고

참으로 나이 헛먹은것처럼
우습기만한 내심장은

아직도 콩탁거리어
쉬지를 못합니다

보고싶습니다

흔한 말투도
다시 듣고싶습니다

오늘은 이렇게
보고싶은 마음 만으로도
행복할 수 있으니

감사한 하루입니다

별을 노래하자

잊혀진다는것은
서글프지만
다행입니다

또다른 시작과 꿈이
생긴것이니까요

잊고있다는것은
서글프지만
다행입니다

또다른 사랑과 사랑들속에서
오늘도 바빳다고 생각하세요

결코
나쁜일만 있지않기에

살만하고 견딜만하고
버틸만합니다

별거없는 인생에
잠시왔다가
사라지는 별처럼
그리살아도
좋을것같습니다

나는 별을 좋아하니까

살면서 무엇인가를 남겨야한다면

다 지우고
사랑하나 남기고 싶습니다

내가 사랑했던 이름들
어머니
아버지
그리고.... 아이들

그리고....당신..

별을보고
사랑을 느낄 수 있다면
좋겠습니다
나는 별이 될테니까요

사랑의 노래

모닥불 피워놓고
찬란한 불씨들의 향연을
보고있노라니
뜨거운 무엇인가가
가슴 깊숙한곳에서
치고 올라와
벅찬 숨을 토해내며
우리들은 밤을새워
노래를하고
이야기를하고
별을 센다

지치지 않는 밤이다

불꽃속으로 더 뜨거운 불씨는
자신의 뜨거움도 모른체

환하게 웃고있다

우리에게 너무많은것을 주고

이대로 그냥 꺼져지는 순간이와도

한치의 미련도 없는것처럼

불씨는 죽어가지만

고요한 밤

재로 남은것들은 말을 한다

아무것도 걱정하지 말라고

장미꽃

이쁘다
두번보고
세번을봐도
몇번을봐도
꽃은이쁘고
장미꽃은 더 이쁘다

선물이 되어 찾아온 꽃은
나의꽃이 되려고
태어난것처럼
고마웁고 소중하다

6월이다
붉은 장미꽃과 함께 보내는

사는동안

그냥 사는거지
남들처럼
보기좋게
마음에 풍선을 달고
늘 떠다니는 구름처럼
그리움도 사랑도 미움도
모두다

아무것도 아닌것을
그예 무거운것을 끌어않고
잠들때까지도 잡고잇엇으니
미련한게 나엿구나

하늘에서 하는건
하늘만 알고
땅에서 하는건

나만 모르는것처럼
살아왔으니
사는동안에
잘놀다 가는것처럼
너그럽게 살아야지

삶의 무게

너무 무거워
잠시나마 내려놓고
먼 산 등성이 빼곡히 들어찬
숲들을 보고있으니

모두다 어쩌면 저리도
편안해보이는걸까

산도 새도 들도 나무도

하다못해 풀들도
급한게없고
그냥 세상사 순리대로
살고 있구나

늙으면 늙어지는대로
바람불면 꽃잎떨어지는대로
강에서 강으로 흘러흘러
바다로 모이는날

내 삶이 짊어진 짐들도
강처럼 물처럼
바위에 부딪히고 쓰라려도
잘 견뎌내엇다
말할 수 있어야 할 터인데

넋놓고 앉아
초라한 내모습을 비웃지는
말라고

가슴 쓸어내리며
다독여본다

다시 잠시 내려놓은 짐을 주워
등짝에 바짝 붙이고
걸어가보자

힘이난다
그래도 잠시 투정한거에서
워로라도 받은 기분이다

오늘을 살자

산처럼 바위처럼
그리고
물처럼

아픔이 많은 이들에게

잘 견뎌왔군요
그래도
아무나 해낼 수 없는 것들인데

지쳤을텐데
쓰러졌다가 다시 일어나느라
애썼을텐데
고생했군요

등 두드려주면서
안아주고
손을 잡아줄테니
어서 힘을내어
일어나세요

아직은 시간이 남아있기에
다행히
서럽지만은 않은것같습니다

힘을내어
내일도 살아야하니까

용기내요

모든 지나간 시간들은
아무것도 아니라고 여겨질만큼

먼지같은 날들
될터이니

웃어요

더 힘든 내일을 위해

강가에서

나즈막히 불러보는 사랑노래
들려주렴

귓가에서 오래오래 머물수있게
너의 목소리
들려주렴

홀로 앉아 있으면
외로움이 커져버려

가슴 한복판에서는
비명이 들린다

보고싶다
보고싶다
보고싶은 마음에

달려왔는데
강가에 홀로 남겨져 있는 나
흔적없는 너
어둡기 전에
돌아가야지

강가에서 2

아무것도 지금은 부러울게 없는 것 처럼
행복하여라

산등성이 아래에
넉넉히 자리를잡고 앉아

가장편안한 모습으로
드러누운듯

보기좋아라

고요속에 파묻혀서
가장 깊숙한 곳까지
바닥을 치고 올러오는
물고기들의 사랑도

이 적막한 밤은
하늘의 별들을 모아

나를 어딘가로 인도하는구나
꿈이어라

강가에서

어둠이 고요히 내리고
모든게 잠들때까지는
기다려보리라

아름다움이어라

행복함이 그대에게 머물러 있는동안
충분히 행복했다고 말할 수 있게
그렇게 사랑하면 됩니다

지금은 부족함이 많아
서로에게 늘 미안하겠지만

부족할때 사랑이

미안함이 많을때 사랑이

아마도 더 커다란 사랑의 씨앗이 될것입니다

배고픈사랑이 배부른사랑보다는

더 많은 추억이 될수도 있으니까요

고맙거든 서로 사랑을 더해주고

미안하거든 더많이 배려해주다보면

사랑때문에 힘들일은 없을것입니다

길

길 위에 또다른 길
하루 온종일
길을 걷습니다

외로움도 잊은채
정리되지 않앗던 많은 것 들이
차곡차곡
정리정돈을 합니다
머리에 스쳐지나가는 것 들이
하나씩 둘씩
소중해지기 시작합니다

내 몫만이 남겨진듯합니다

저바닥에서 뒹구는
나뭇잎들처럼

바람에 쓸려지는
부대끼는 먼지처럼

초라한 이광경은
무엇이기에

내서러움을 알아주기라도 하듯

하늘은 더 더욱
파랗게 빛납니다

힘이들면 힘이 든대로
서로 침묵하면서
아무것도 하지않고
아무것도 말하지말고
아무것도 생각하지말고

그냥
몸을 바닥에 눕혀서
가장 낮은 자세로 있기를 ...

그러하다보면
가장 낮은곳에서부터
꿈틀거리는것들이 있으리라

욕망도

사랑도

……

산책

오랫만에 하얀 운동화를 꺼내신고

산보를 갑니다

누가 먼저랄것도 없이
일찌감치 시간을 달리며
보고싶엇던 얼굴을
반기러갑니다

햇살이 눈부시고
적당히 바람이 불어와
옷속으로 시원함을
꽂아주고

한걸음 한걸음은
낙엽쌓인 산속길로

우리들을 친절하게 인도합니다
많은 이들이 먼저 간 자국
많은 이들이 지나간 흔적들
틈에서 우리도 오늘
이곳에 지나간 흔적을
돌하나 탑세우면서
마음을 다져보기도하고

그리오래걷지않앗는데도
숨이 차오를만큼
체질이 바닥을 드러내보여도

나를향해 그는 행복한 미소를
머금습니다

이 얼마나 평화로운 오후의
산책인지

땀이 등줄기에 송글송글
맺히고

이 한낮의 여유로움이
마치 우리에게만 주어진 것 처럼
우리는 마냥 즐거워합니다

고마운 휴일입니다